一桥飞架南北，
天堑变通途。

毛泽东

编写人员 / 赵志刚　舒智明　冀传辉　吴　霏

策　　划 / 袁　飞
责任编辑 / 袁　飞　王　莎
整体设计 / 龚　黎
技术编辑 / 李国新

图书在版编目（CIP）数据

武汉长江大桥 / 中铁大桥局编 .
-- 武汉 : 湖北美术出版社 , 2017.10
（地域文化系列）
ISBN 978-7-5394-9225-4
Ⅰ . ①武…
Ⅱ . ①中…
Ⅲ . ①桥梁工程—建筑史—武汉
Ⅳ . ① U44-092
中国版本图书馆 CIP 数据核字 (2017) 第 244697 号

出版发行：长江出版传媒　湖北美术出版社
地址：武汉市洪山区雄楚大街 268 号湖北出版文化城 B 座
电话：(027)87679520　87679521　87679525
传真：(027)87679523
邮政编码：430070
网址：www.hbapress.com.cn
电子邮箱：hbapress@vip.sina.com
制版：武汉浩艺设计制作工作室
印刷：武汉市金港彩印有限公司
开本：720mm × 1000mm　1/16
印张：10
版次：2017 年 10 月第 1 版　2017 年 10 月第 1 次印刷
定价：48.00 元

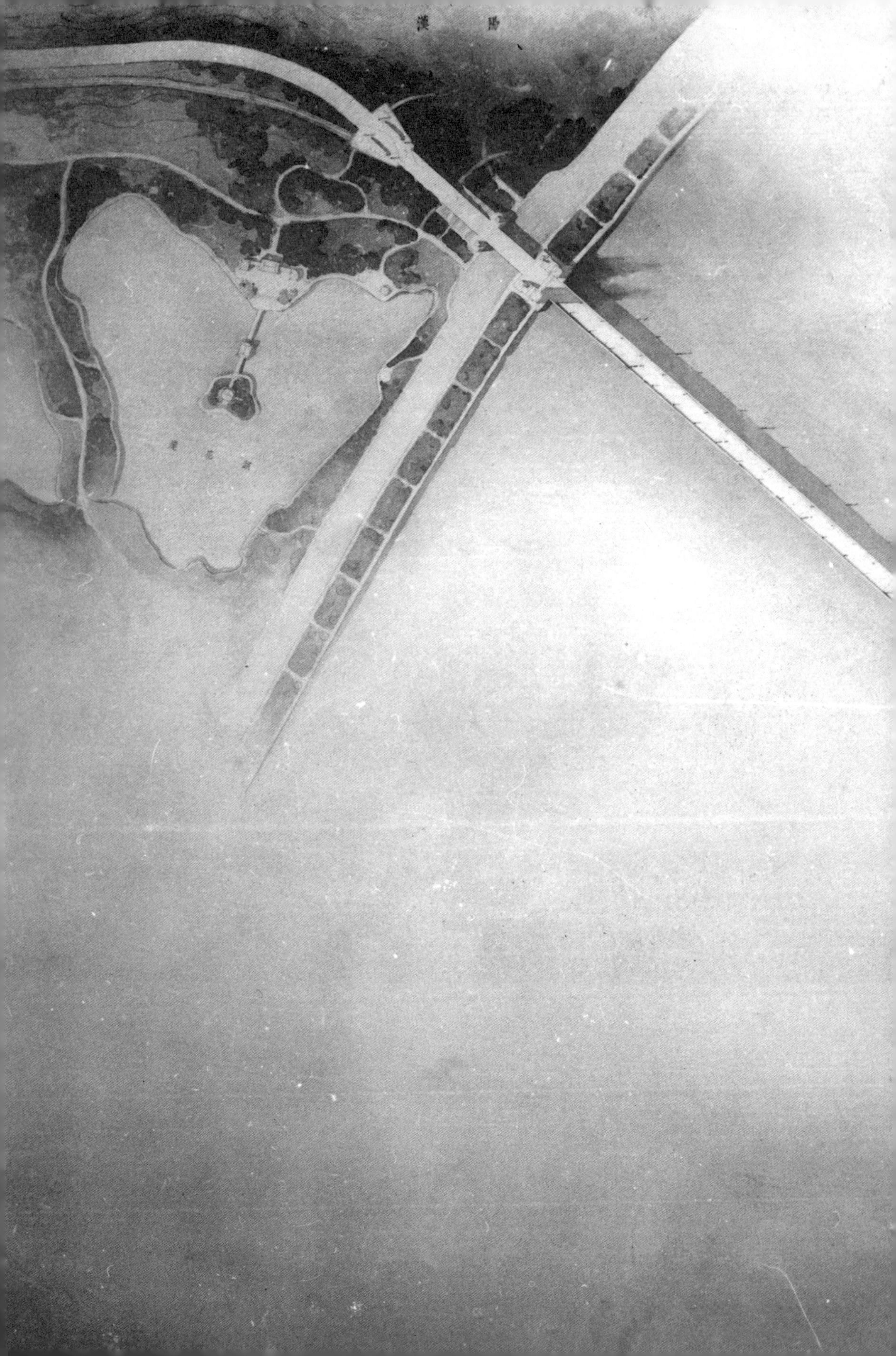
漢陽

武漢長江大橋

總平面佈置圖

比例尺 1:2000

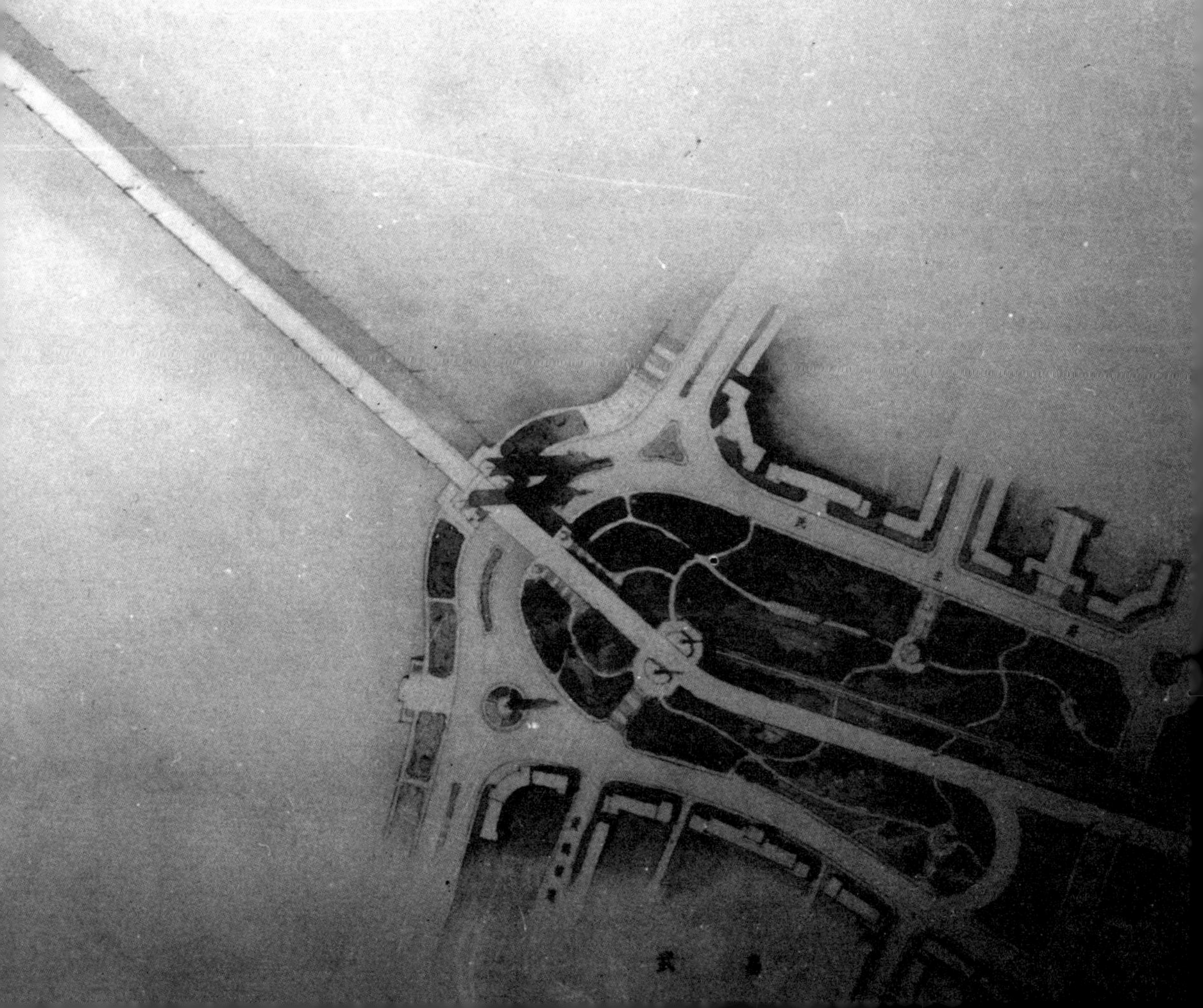

武汉长江大桥位于湖北省武汉市武昌蛇山和汉阳龟山之间，是长江上建造的首座大桥，也是中华人民共和国成立后在长江上修建的第一座公铁两用桥，被称为“万里长江第一桥”。

武汉长江大桥于 1955 年 9 月正式动工，1957 年 10 月 15 日建成通车。大桥全长 1670 米，上层为公路桥，下层为双线铁路桥，桥共有 8 墩 9 孔，每孔跨度为 128 米，桥下可通万吨巨轮，8 个桥墩除 7 号墩外，均采用“大型管柱钻孔法”，这是由中国首创的新型施工方法。

武汉长江大桥将武汉的汉口、汉阳、武昌三镇连为一体，极大地促进了武汉的社会经济发展。同时，大桥将被长江分隔的京汉铁路和粤汉铁路连为一体，形成了完整的京广铁路，成为中国南北交通的大动脉，对促进国家经济的发展起到了重要的作用。

武汉长江大桥建成后，成为武汉市的标志性建筑，也成为中国著名的旅游景点之一。2013 年 5 月 3 日，武汉长江大桥被列为第七批全国重点文物保护单位；2016 年 9 月，入选“首批中国 20 世纪建筑遗产”名录。

武汉长江大桥

跨越半个世纪的畅想

长江，中国第一大河，全长 6300 公里，流域面积 180 余万平方公里，武汉作为长江中游的名城，千百年来被长江及其最大支流汉水分隔成汉口、汉阳、武昌三镇，人民的出行和交往受到阻隔，南北的交通不能连通，社会经济发展受到阻碍。

为了将大江南北连通，众多仁人志士出谋划策，在武汉修建一座现代化桥梁的最初设想要追溯到 20 世纪初。这些设想跨越半个世纪，在灾难深重的旧中国，它只是一个梦想，不可能变为现实。然而，这些初步勘设为后来建桥者提供了有益的资料。

第一次设想

詹天佑的武汉长江大桥设计构想草图

1912 年，詹天佑在主持汉粤川铁路工程建设时，考虑粤汉铁路筑成通车后，应与京汉铁路接轨，1913 年令湘鄂线总工程司（现通称“工程师”）英国人格林森初步计划修筑武汉长江大桥，并提出设计构想图，该方案仿照了英国的福斯大桥。此为最早的武汉长江大桥设计构想。

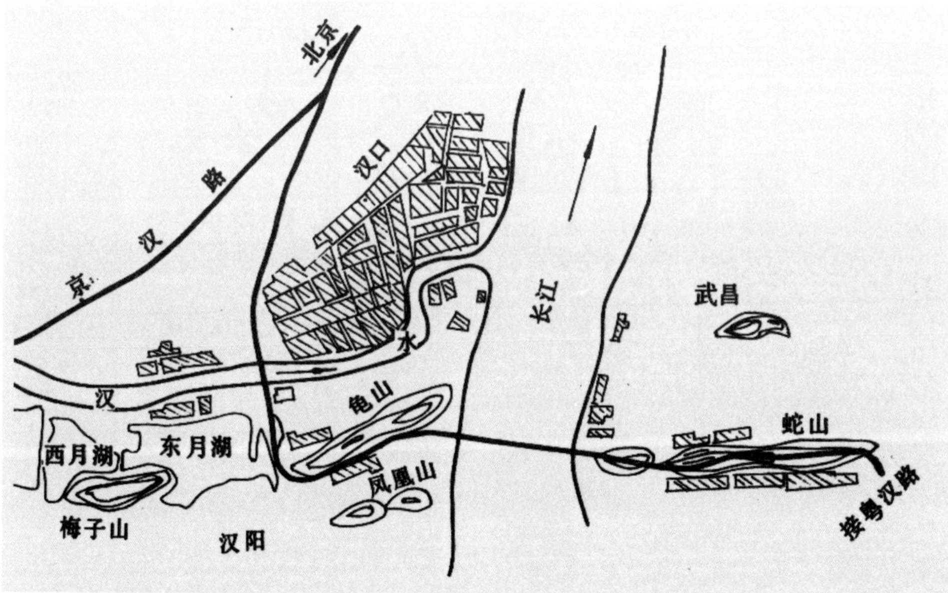

1913 年计划桥址线及引线图

同年，北京大学德籍教授乔治·米勒在詹天佑的支持下，带领北京大学土木本科毕业生 13 人，做“武汉纪念桥”的计划和测量，提出了汉阳龟山至武昌蛇山的桥址线及桥式三种，均为公铁两用桥，后因财力所限，计划未能实现。这是在武汉修建现代化桥梁的第一次设想。

第二次设想

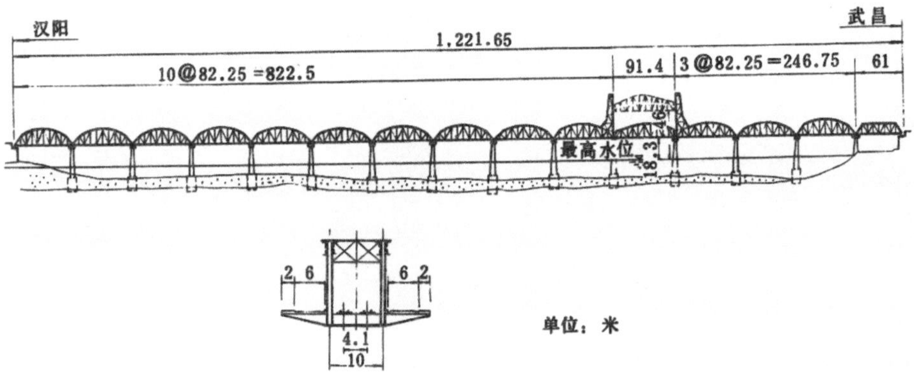

1929年的计划桥式图

1929年，当时的铁道部委托美国顾问华德尔（J.A.L.Waddell）做武汉长江桥的计划。华德尔和铁道部设计科的技术人员李文骥等开始进行筹划并做桥址钻探。1930年3月至9月，共钻12孔（长江8孔，汉水4孔）。最后提出了汉阳凤凰山至武昌蛇山的桥址线，及简支梁公、铁两用活动桥桥式一种；汉水上在集家嘴码头附近及武胜路附近各建铁路桥及公路桥一座。总预算995.7万美元，这是武汉长江大桥第二次设想。

第三次设想

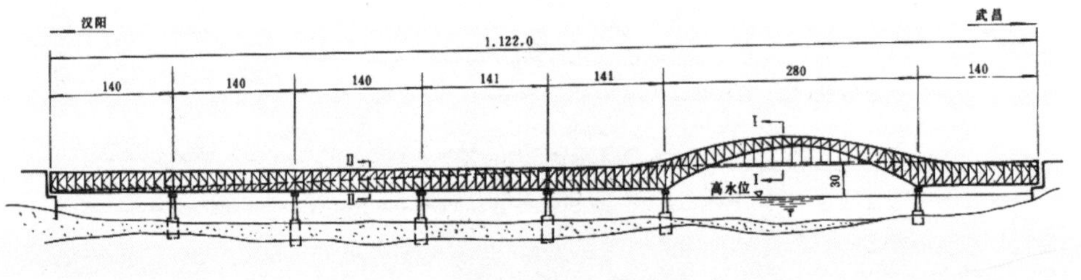

1936-1937 年计划桥式图

1935 年，武汉拟有建设长江大桥之举，钱塘江桥工程处发起筹建武汉长江大桥，拟招股集资，以过桥收费方式还本付息。1937 年 1 月，钱塘江桥工程处正工程师梅旸春赴汉，任汉口市政府工务科长，主持武汉长江大桥的设计和钻探工作，并进行了桥址比较。在武昌蛇山至汉阳凤凰山线和武昌蛇山至汉阳龟山线比较中，最后选定蛇山—龟山线，并提出公、铁两用桥桥式二种，主孔为拱形悬臂桁梁，汉水上修建铁路桥及公路桥一座。这次计划，总预算 3065 万美元，后因抗日战争爆发而停顿。这是第三次建桥设想。

第四次设想

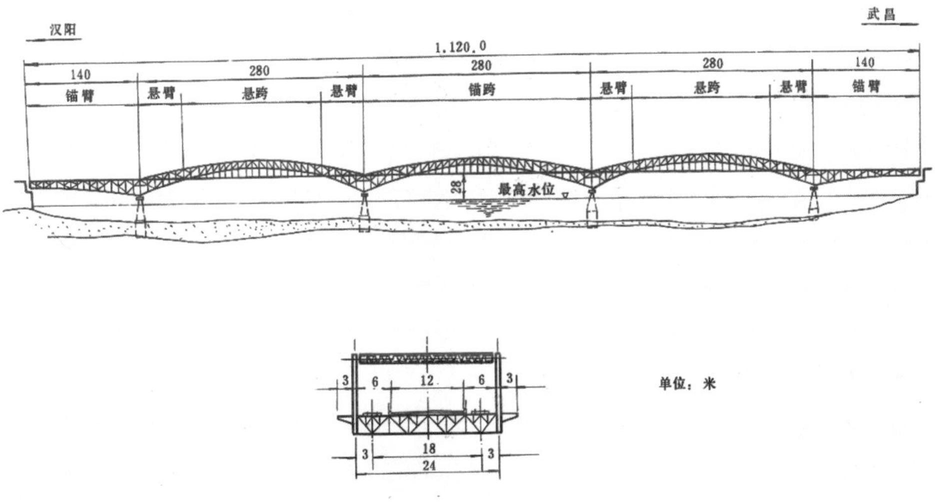

1946 年的计划桥式图

抗日战争胜利后的 1946 年，湖北省当局重新提出修建武汉长江大桥，成立“武汉大桥筹建委员会”，推荐茅以升为总工程师，下设技术委员会，主持工程计划，由中国桥梁公司承办具体设计事宜。同年，由平汉铁路局再次选线测量，仍选定龟山—蛇山线，由中国桥梁公司汉口分公司提出五孔悬臂拱桥桥式。这是第四次设想，可是因内战爆发、经费无着而终成泡影。

百年夙愿终实现

中华人民共和国一成立，李文骥、茅以升与一些科学家联名，向中央人民政府上报《筹建武汉纪念桥建议书》。

1950 年初，中央人民政府指示铁道部着手筹备武汉长江桥的建设。同年 8 月，铁道部设计局成立武汉长江大桥设计组，对大桥进行初步设计准备。在随后的三年里，铁道部在北京召开三次会议，对大桥的桥址、桥式及美术设计等问题进行商议。并最终确定武汉长江大桥按双线铁路、公路两用桥设计；在众多桥址线比较方案中确定龟山—蛇山线为最终桥址。1953 年 4 月 1 日，铁道部武汉长江大桥工程局（中铁大桥局集团前身）正式成立，承担该桥的施工任务。

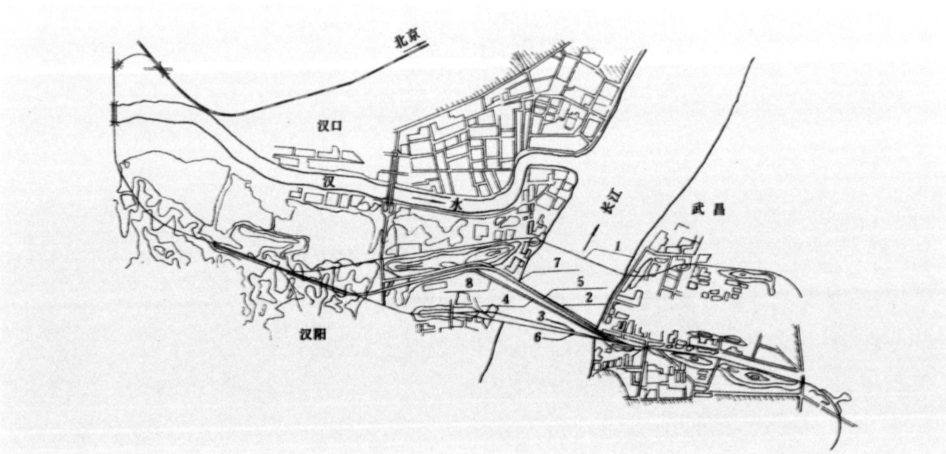

武汉长江大桥桥址线比较方案图

1954 年 1 月 21 日，政务院总理周恩来主持召开了政务院第 203 次会议，听取了铁道部长滕代远代表铁道部所作的关于筹建武汉长江大桥的报告，讨论通过了《中央人民政府政务院关于修建武汉长江大桥的决定》；2 月 6 日，《人民日报》在头版登载了《武汉长江大桥准备兴工》的消息，并发表了社论《努力修好武汉长江大桥》。

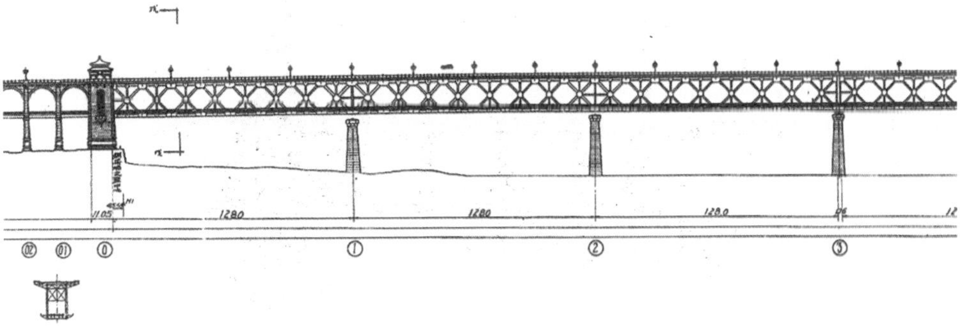

武汉长江大桥全桥结构总图

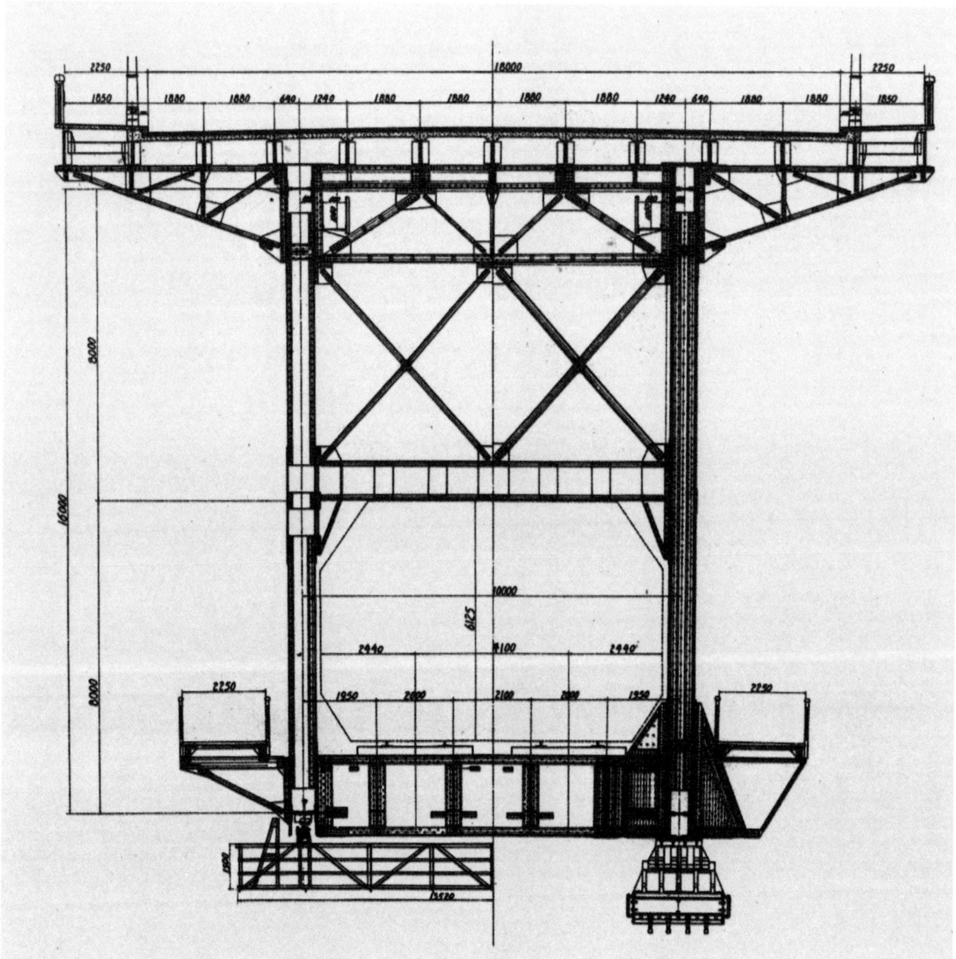

武汉长江大桥钢梁横截面图

武汉长江大桥的修建首创了多项国内外先进技术，其中最为出名的则是首次成功地采用大直径钢筋混凝土管柱钻孔法修建管柱基础。“大型管柱钻孔法”的成功运用，打破了世界桥梁工程界运用“气压沉箱法”修建基础的百年陈规，解决了桥址处水深流急、传统施工方法近乎不可能实施的困难，使深水墩台施工基本不受水位限制，加快了施工进度，令整个工期比计划提前了 15 个月完成。这种施工方法，为以后各地大桥的基础施工提供了新的方法和宝贵的经验。

武汉长江大桥下沉全部管柱手绘图

为了适应长江风大、浪高、水深、流急的特点，同时也为了不影响武汉港船舶繁忙的运营作业和长江航运的正常通航，正桥钢梁架设采用了架梁技术难度较高的悬臂架梁方案。

武汉长江大桥钢梁架设场景

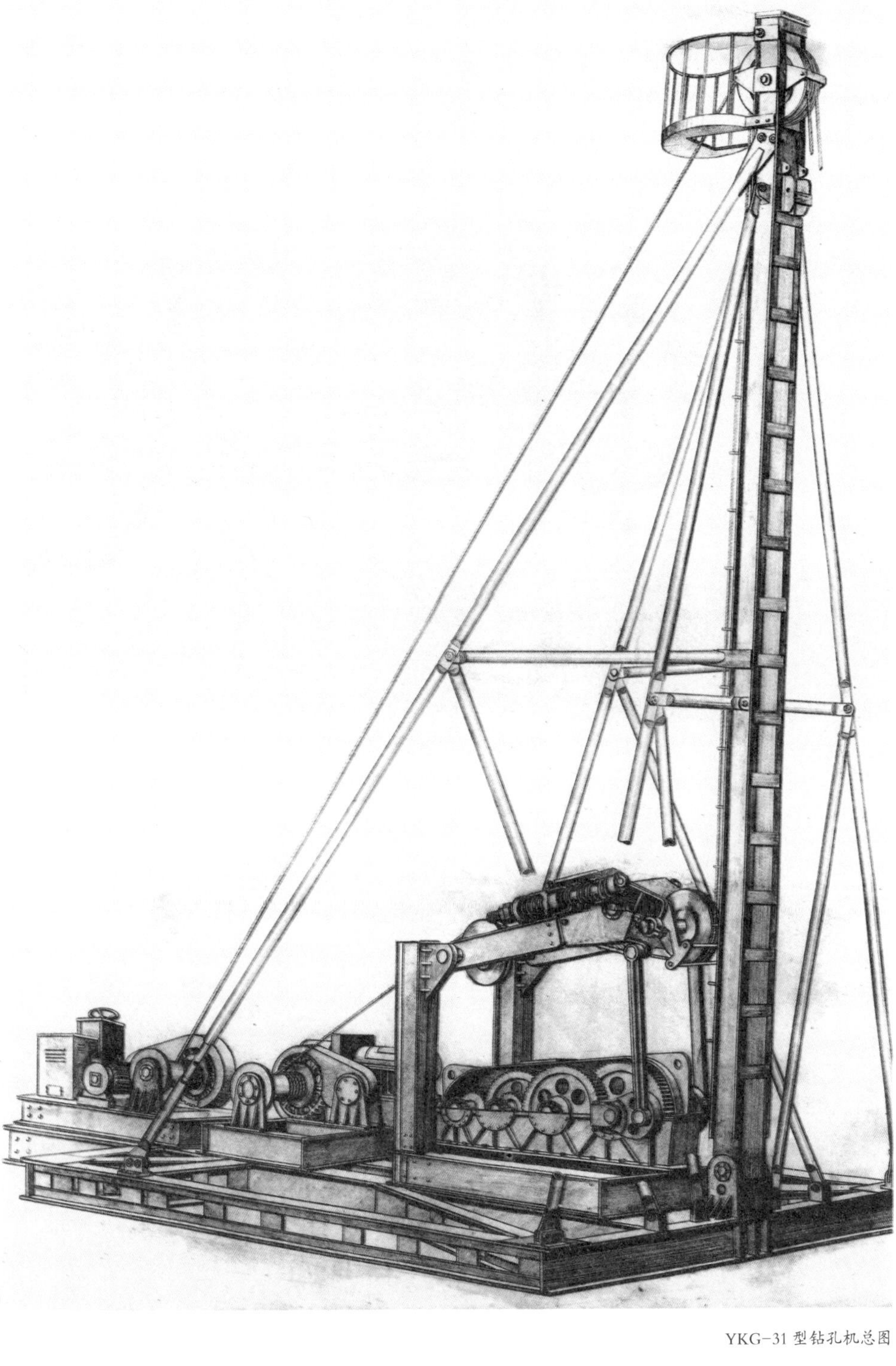

YKG-31 型钻孔机总图

手摇弯钣机

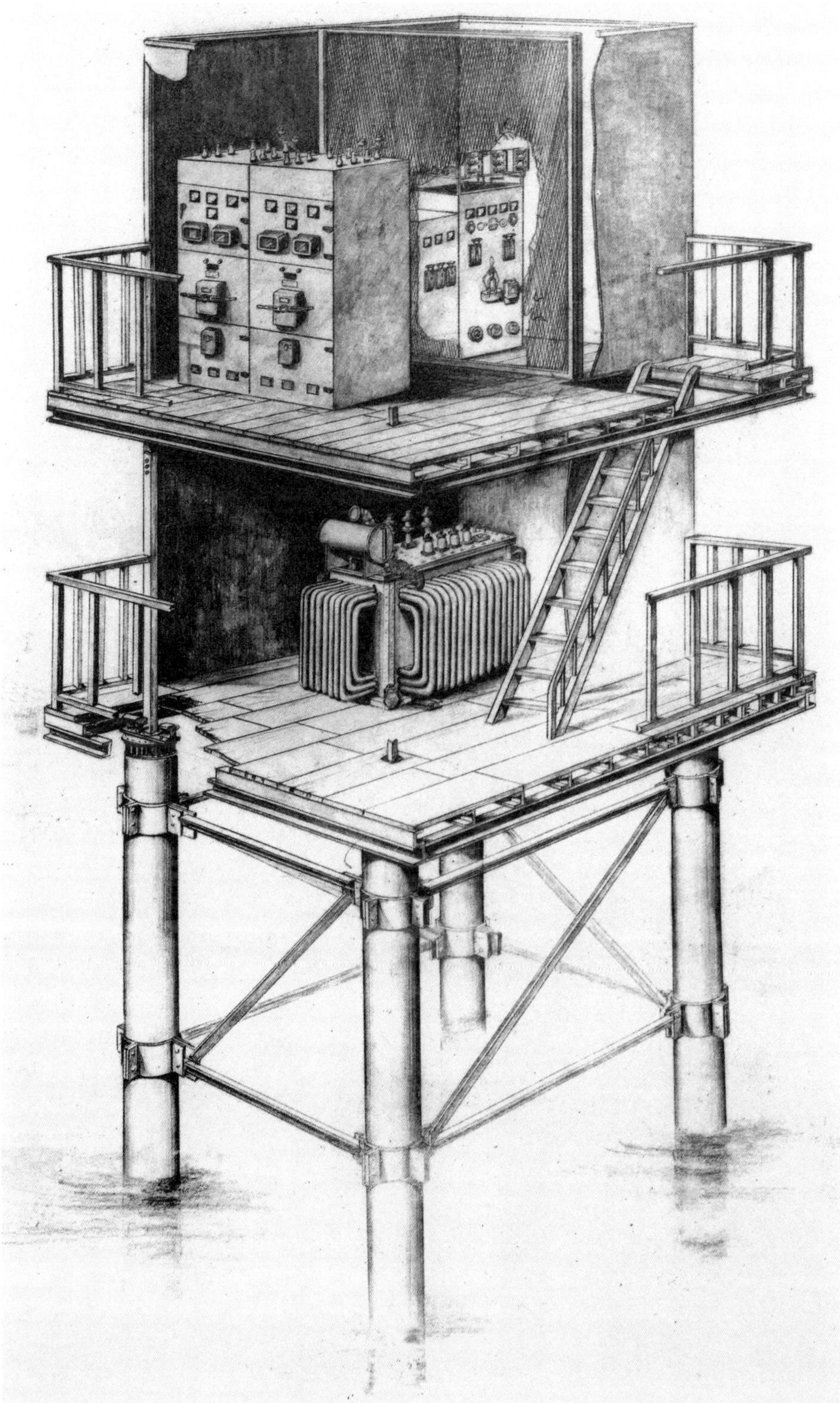

配电站图

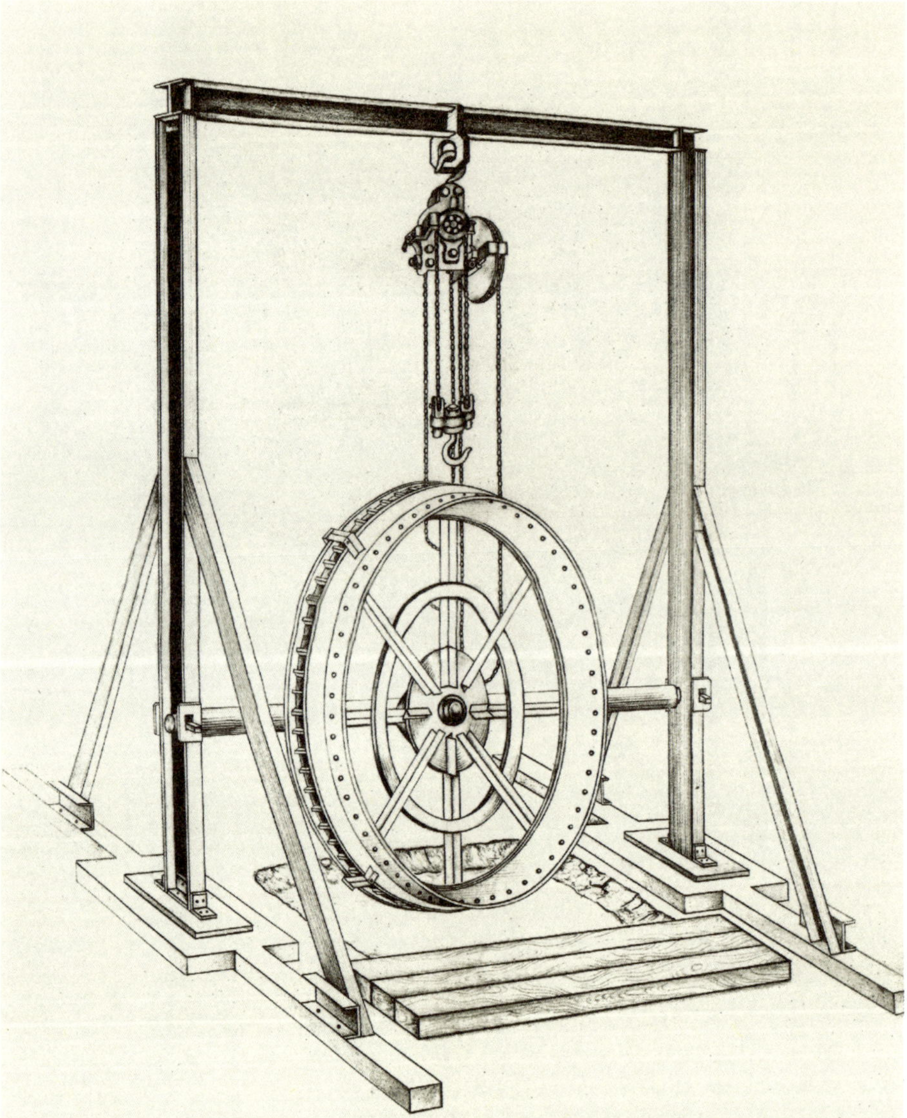

法兰盘放到转盘上进行点焊

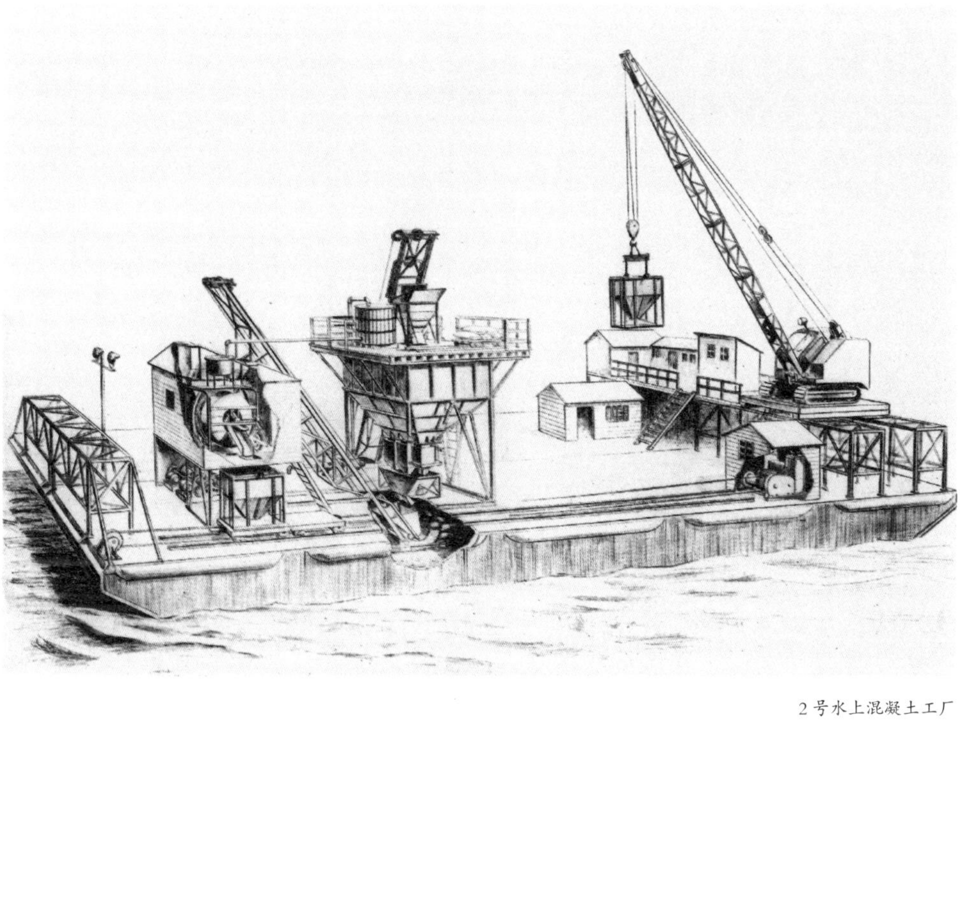

2号水上混凝土工厂

1953 年 4 月，中央人民政府在研究了武汉长江大桥初步设计文件之后，强调指出："修建的长江大桥，应当成为一个卓越的建筑，它不但应以现代化的技术解决国家巨大的经济课题，而且在建筑技术上还应以雄伟壮丽的外观标志中国的新时代。"

1954 年 1 月，政务院在关于修建武汉长江大桥的决议中，指示在全国范围内向各建筑设计院及各大学建筑系，广泛征求美术方案。1955 年 2 月，国内知名的建筑、美术、园艺、城市规划专家及桥梁专家应邀对征集的美术方案进行了评选。随后，又将评选意见和全部应征方案送呈国务院审批。国务院批准了现在采用的方案（即 25 号方案），该方案设计者为大桥局桥梁专家唐寰澄。该方案端庄朴实，经济实用，既具有民族风格，又体现了时代精神。

武汉长江大桥桥头堡设计 25 号方案图

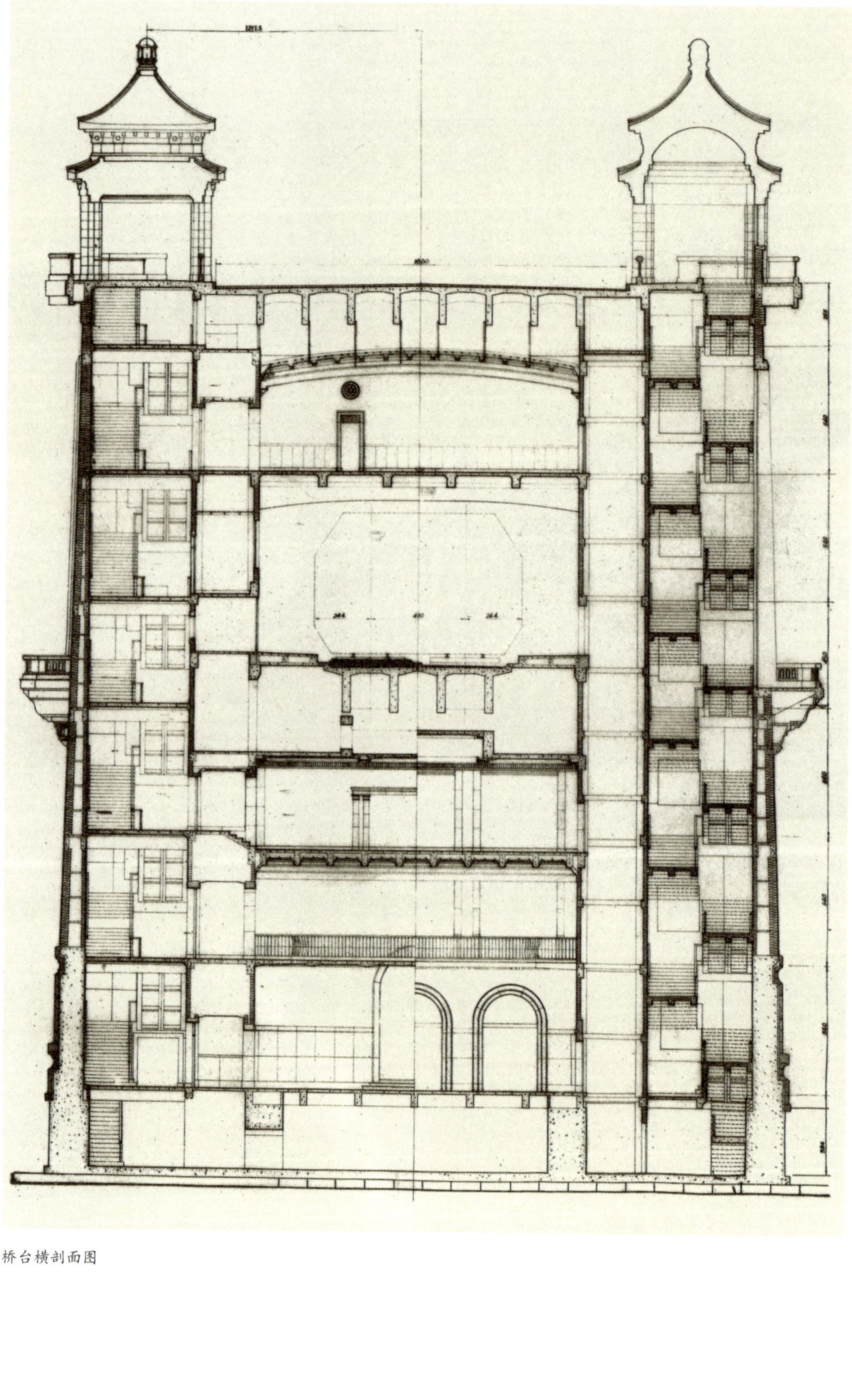

桥台横剖面图

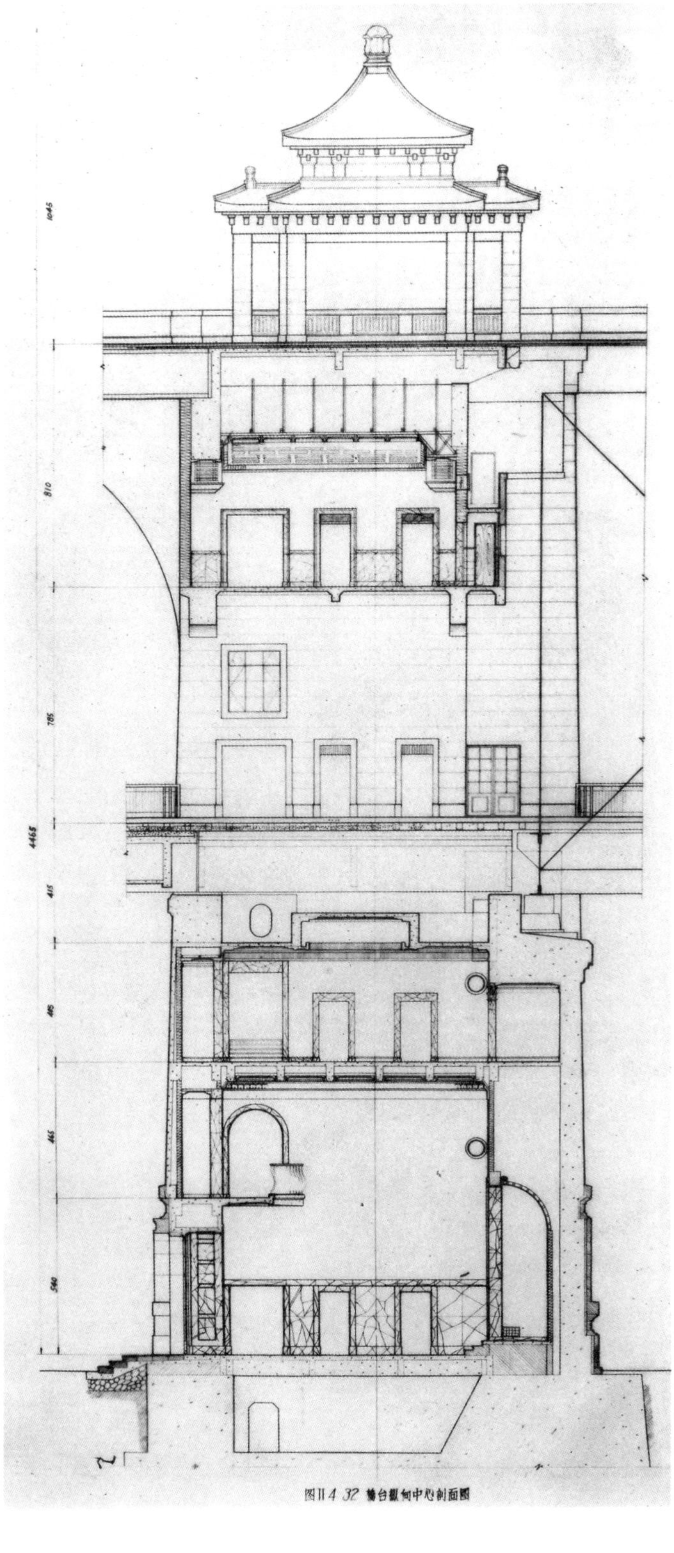

桥台纵向中心剖面图

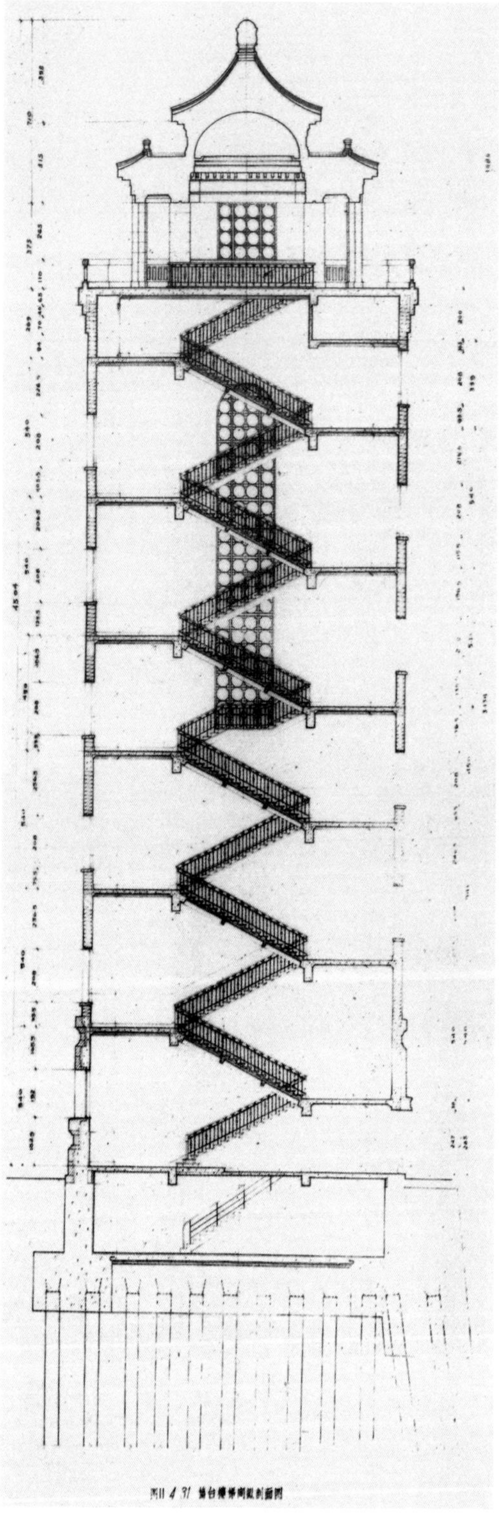

桥台楼梯间纵剖面图

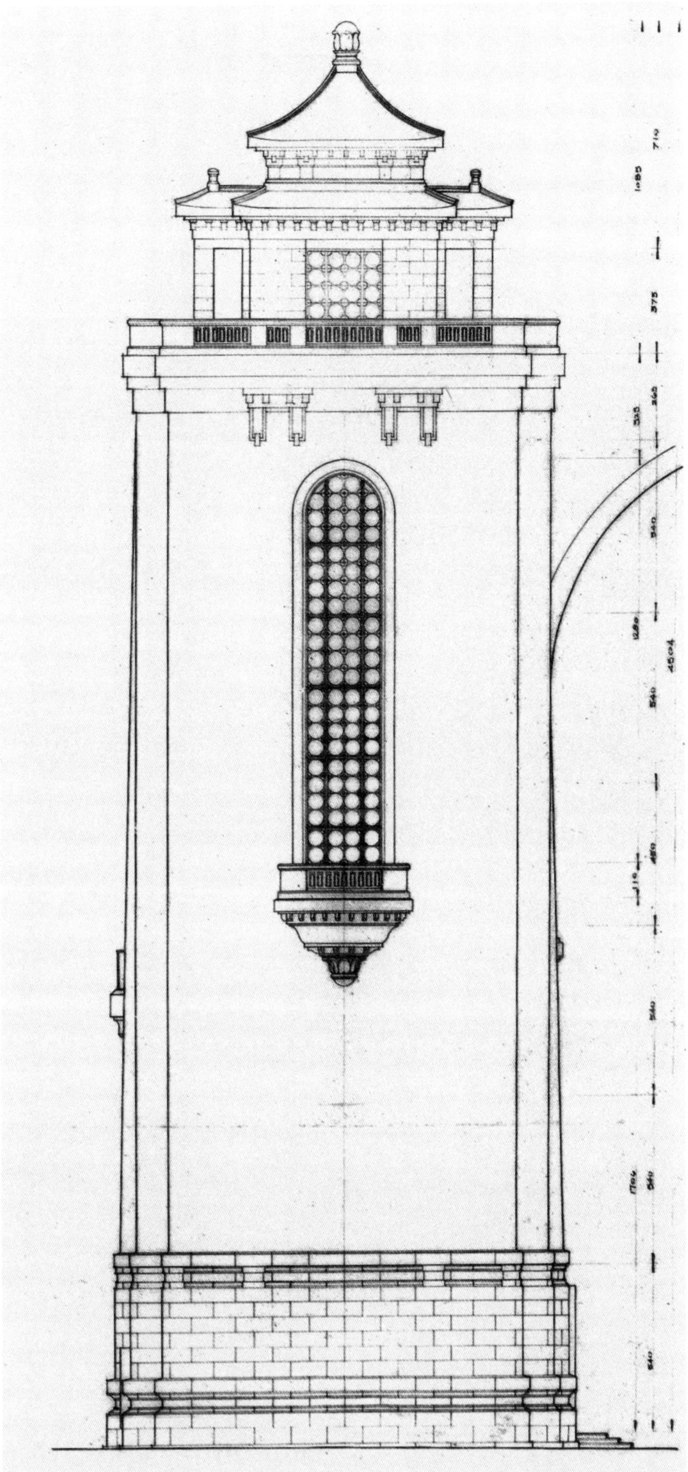

图II.4.30 桥台正立面图

桥台正立面图

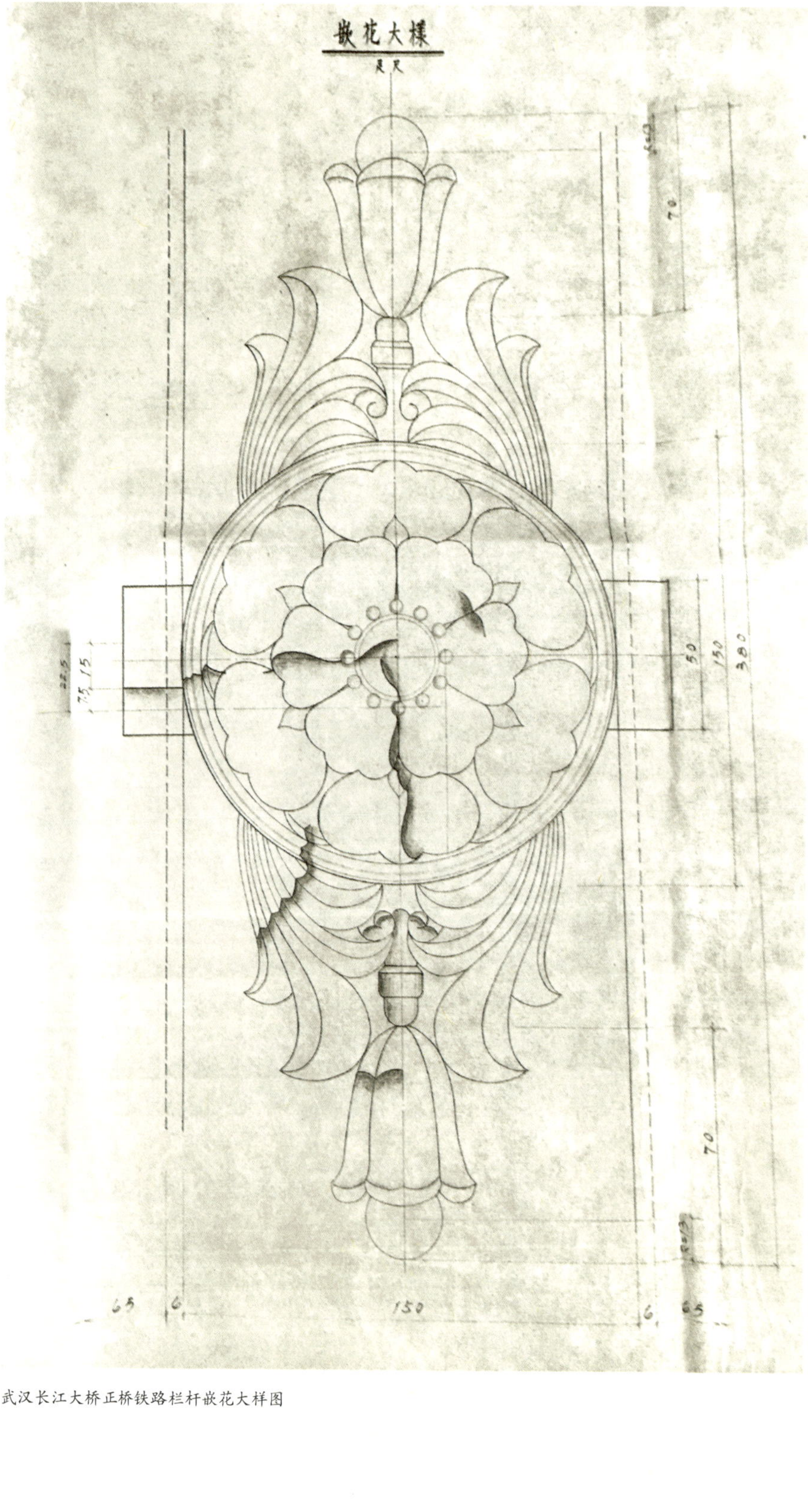

武汉长江大桥正桥铁路栏杆嵌花大样图

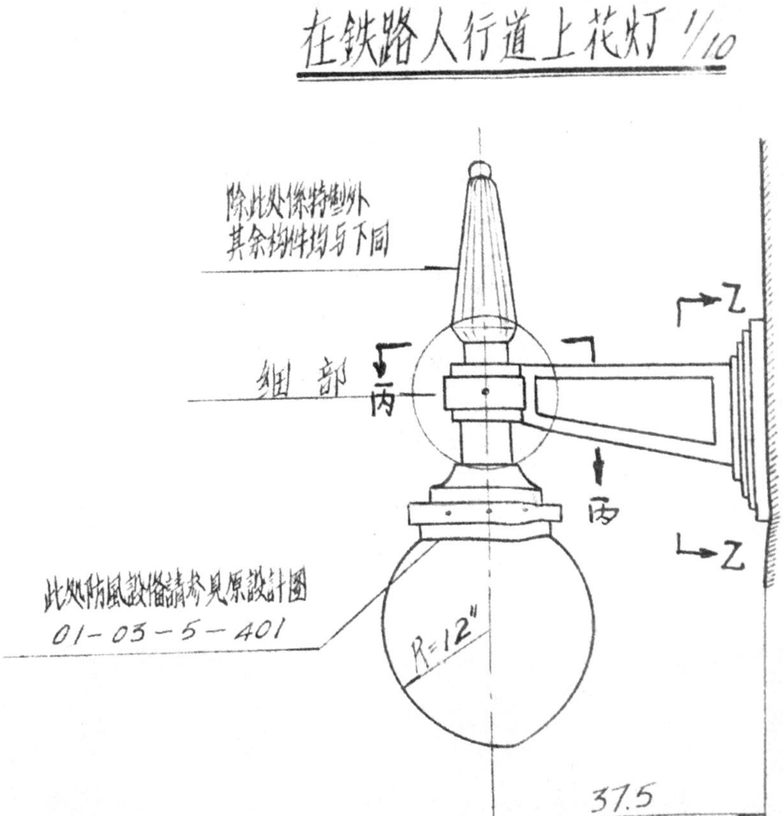

武汉长江大桥铁路人行道上花灯图

武汉长江大桥正桥长 1157 米，桥面两侧外栏采用了灰色铸铁桥栏，每隔七八米就镶嵌有一块镂空花板，由武昌造船厂翻模铸造。大桥护栏板当时以“百花齐放，百鸟争鸣”为主题公开征求设计方案，最终确定了 35 种图案，内容多为中国传统的寓意吉祥的图案，如丹凤朝阳、孔雀开屏、鲤鱼戏莲、喜鹊闹梅等。每幅入选作品的设计者获得了 50 元奖金。这在当时，相当于一名普通职工一个多月的工资。

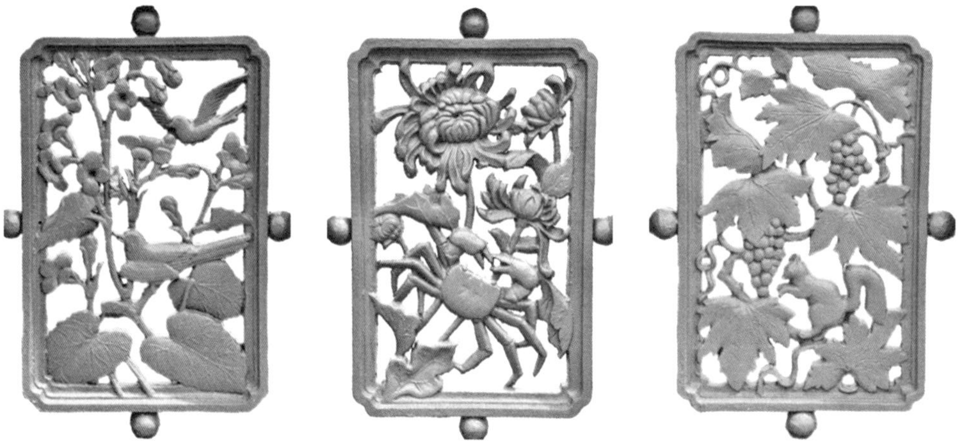

桥上栏杆嵌花选样

一桥飞架南北，天堑变通途

1957 年 10 月 15 日，这是一个必将被历史铭记的日子。这一天，万里长江第一桥——武汉长江大桥建成通车。

通车典礼是在上午十点开始的。在庄严的国歌奏过后，一阵爆竹，天空飞机掠过，撒下了五颜六色的传单。一个个巨大的气球携带着“庆祝武汉长江大桥胜利提前建成”“武汉长江大桥的建成是工人阶级力量的胜利”等巨幅标语冉冉升空。列车由汉阳岸缓缓驶进大桥，观礼的人们纷纷将手中的花朵和彩色纸屑抛向车厢，而车上的首批旅客也都兴奋地探出头来，向人群挥手致意。

半个小时后，这儿更是一片欢乐的海洋。天空上出现了无数的彩球与和平鸽，三辆解放牌卡车满载着“祖国的花朵”——少先队员开道前行，象征着祖国的未来充满希望。后面是几百辆大小汽车组成的车队，在那汽车还不是很多的年代，同时出现这么多的轿车、客车、卡车，真是蔚为大观。车队后面呢，是十二条龙灯、十头狮灯、十只采莲船，它们舞动着，腾跃着，扭动着，一路锣鼓喧天；数万观礼的群众跟在它们的后面，一路欢歌笑语。听那声音，大都是在高喊：“我们走过了长江！”

武汉长江大桥通车场景图

武汉长江大桥在建设过程当中所受到的中外领导人的关注恐怕是现在任何一座桥梁都无法比拟的：毛主席四次视察建桥工地，写下“一桥飞架南北，天堑变通途”的壮丽诗句；更有 150 多位外国领导人来到工地参观，赞叹新中国社会主义建设的辉煌成就。

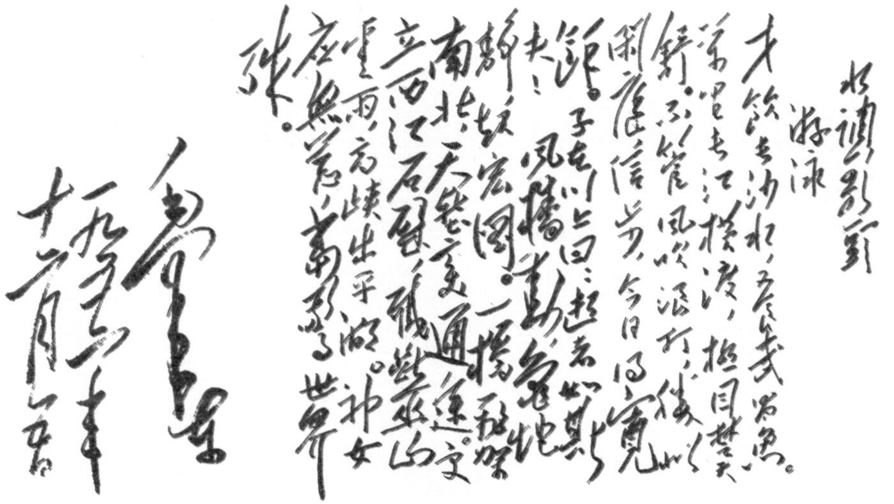

毛泽东诗词《水调歌头·游泳》

傲立东方六十载

时光如梭，逝者如川，武汉长江大桥矗立东方已有六十载，六十年来，这座桥梁创造的经济及社会效益无法估量。每日通行火车上百对，汽车近十万辆，成为武汉市最繁忙的桥梁之一。

武汉长江大桥是雄伟的，也是美丽的，在最初开始美术设计之时，中央人民政府就特别指出：武汉长江大桥之美术设计，应广泛征求国内美术建筑专家个人的和集体的优秀作品，送呈中央审定。

正是这一英明的决策，保证了这座桥梁美术设计的广泛性、群众性，因而也就具有了代表性和权威性。当时，不到一年时间里，征集到了许多方案，虽然最后 25 号方案被选中，但那些落选的方案为桥梁的美术设计提供了较高的参考价值。

武汉长江大桥建成通车，不仅实现了“天堑变通途”的梦想，而且对新中国经济发展起到了重要作用。大桥以先进的技术工艺，树立起新中国建桥史上第一座里程碑，被列为 20 世纪 50 年代世界名桥。

武汉长江大桥落选美术方案

“凯旋门”方案

19 号方案

桥头堡正立面图

武汉长江大桥美术设计图

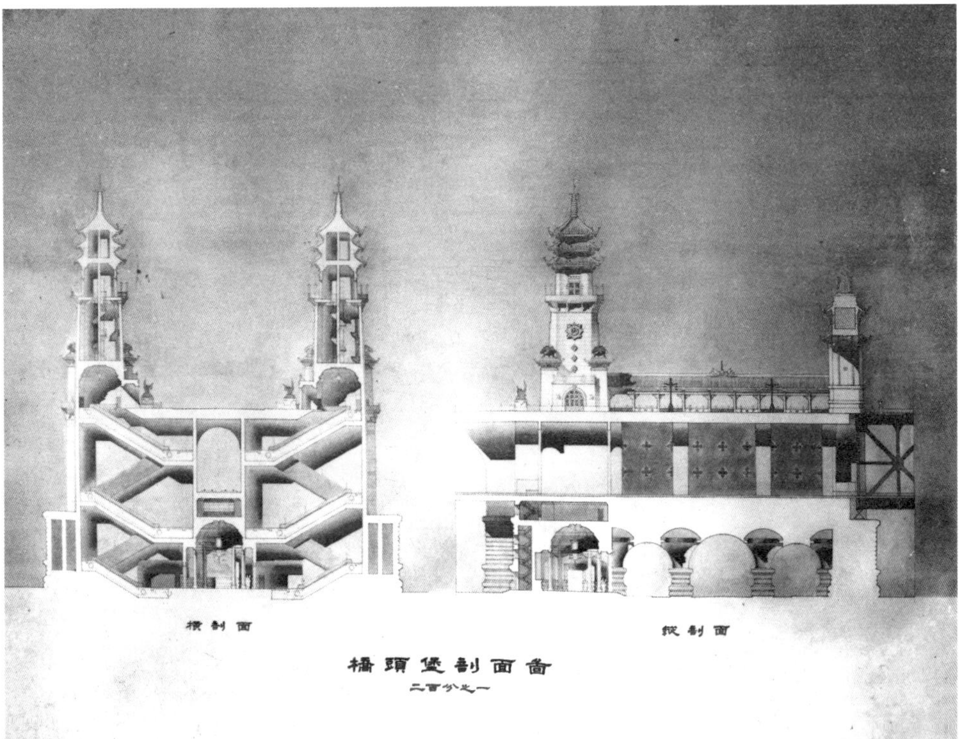

桥头堡剖面图

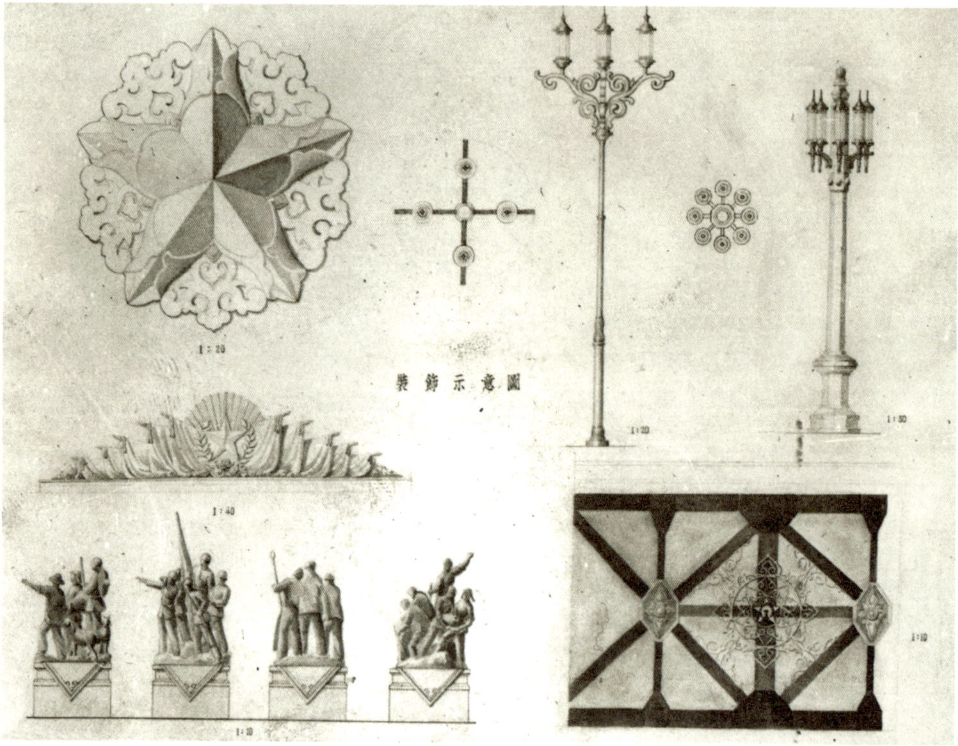

装饰示意图

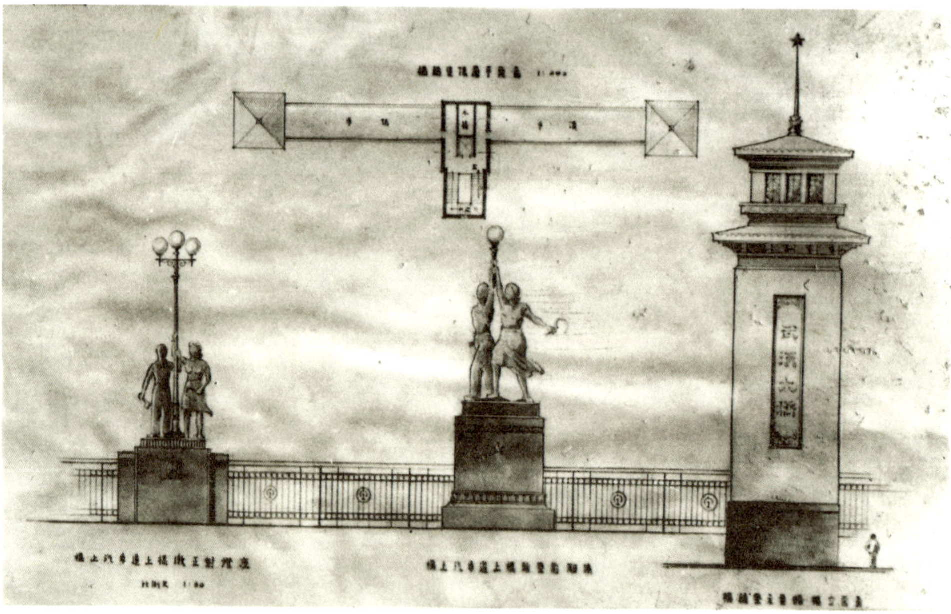

桥头堡顶层平面图

武汉长江大桥美术设计图

桥头堡仰视图